PFFFT!

À Ellie et Arran, avec tout mon amour.
D.B.

Un prout de papillon à Pékin peut faire pleuvoir à Central Park.
M.C.

Pour l'édition originale :

320 Front Street West, Suite 1400, Toronto, ON M5V 3B6, Canada, sous le titre *The Big Bang and Other farts*

Traduit de l'anglais par Emmanuel Gros

Pour l'édition française :

1, rond-point du Général-Eisenhower, 31101 Toulouse Cedex 9, France
editionsmilan.com

Loi 49-956 du 16 juillet 1949 sur les publications destinées à la jeunesse.

Dépôt légal : août 2024 • ISBN : 978-2-408-04490-9
Achevé d'imprimer au 3e trimestre 2024 en Roumanie par Rotolito
Plus d'informations sur la fabrication de nos livres :
editionsmilan.com/comment-fabriquons-nous-nos-livres

Tu vides tes étagères et connais déjà ce livre par cœur ? Donne-le !

Certifié PEFC
Ce produit est issu de forêts gérées durablement et de sources contrôlées
PEFC
PEFC/46-31-13
www.pefc.ro

Prout alors !

CES PROUTS QUI ONT CHANGÉ LE MONDE

milan

Daisy Bird • Marianna Coppo

Et si on regardait
cette émission qui retrace
les grands moments
de l’Histoire ?

Trop nul !
J'aime pas l'Histoire !

C'est ici que tout a commencé…
Au début, il n'y avait rien.
Juste le silence du cosmos.
Profond et calme.
Pas le moindre bruit…

PFFFT!

Oh non, qui a prouté ?!

Attention !
Un trou noir !

Une petite seconde !
C’est le big bang qui a créé l’Univers, pas…

LE BIG PROUT!

Génial,
ce documentaire !

Nous voici sur Terre, dans les profondeurs de l'océan, il y a des millions d'années. Certaines de ces créatures vont évoluer pour devenir nos ancêtres.

Mais pourquoi ont-elles quitté l'eau
pour vivre sur la terre ferme ?
Cela reste bien mystérieux...

Oh non,
qui a prouté ?!

Finalement,
ce n’est peut-être pas un si grand mystère…

Nous arrivons maintenant au temps des dinosaures,
parmi les volcans et les forêts primaires...

Mais qu’est-ce qui a bien pu anéantir
des animaux aussi énormes et redoutables ?

C’est pour ça que ça s’appelle un « **CACAclysme** », papounet ?

Oh non,
qui a prouté ?!

Pas étonnant
que les dinosaures aient disparu !

Nous nous rapprochons de notre époque,
mais nous en sommes encore à des milliers
et des milliers d'années.

C’est l’âge de glace, d’immenses glaciers se sont formés
et la neige recouvre le paysage.

Oh non,
qui a prouté ?!

Maintenant, on sait pourquoi
le climat s'est réchauffé...

Décidément,
ce documentaire est étrange.

Imaginez :
un **prout de MAMMOUTH** !

Ah ! Quelle époque plus agréable,
chaude et ensoleillée !

Nous sommes dans l'Égypte ancienne,
au pied des pyramides et du Sphinx qui trône non loin de là.

PFFFT!

Oh non, qui a prouté ?!

Et voilà comment le Sphinx a perdu son nez !

Hummm, sentez cet air pur du grand large !
L'Égypte ancienne est loin derrière nous.
Voici un drakkar et ses guerriers vikings.
Mais ils font une drôle de tête, non ?

C'est parce qu'ils se sont
perdus en mer, et les pauvres voudraient
bien rentrer chez eux.

Pouah !
Baleine qui pète, gare à la tempête !

Et c'est ainsi que les Vikings
ont traversé l'océan Atlantique...
jusqu'en Amérique !

Nous sommes désormais
en Italie, dans l'atelier
du peintre Léonard de Vinci.
Il peint ce qui deviendra
son plus célèbre tableau.

La jeune femme
a l'air très concentrée,
pas vrai ?

À quoi peut-elle
bien penser ?
PFFFT!

Incroyable, nous connaissons enfin
le secret du sourire de la Joconde !

C'est ridicule !
L'Histoire ne peut pas être
qu'une suite de prouts !

Oh, on peut regarder
encore un peu ?
S'il te plaît… On arrive
bientôt à ton scientifique
préféré !

Nous assistons à l'un des grands moments de l'Histoire.
Sous son pommier, le célèbre physicien Isaac Newton
est sur le point de découvrir la loi de la gravité.

Là, il semble vraiment en pleine réflexion…

PFFFT!

Oh non, qui a prouté ?!

On dirait bien que Newton
a résolu son énigme !

Ça suffit, j'éteins la télé !
Ce documentaire est
un ramassis de sottises.
Où est la télécommande ?

Par terre,
papounet.

POP'
From

Oh non,
QUI A PROUTÉ ?!